RECETTES ET PHOTOGRAPHIES
SANDRA MAHUT

Licorne Food

MARABOUT
ORIGINAUX & AUTHENTIQUES
DEPUIS L'AN 2000

Sommaire

LES RECETTES DU BONHEUR   4

FOOD SALÉE

Mermaid toasts   6
Licorne dips   8
Veggie rainbow sandwich   10
Rouleaux de printemps licorne   12
Makis licorne   14
Bol de noodles veggie   16
Croque-licorne   18
Soupe violette tourbillon   20

FOOD SUCRÉE

Pancakes licorne   22
Cupcakes galaxy aux myrtilles   24
Cupcakes rainbow licorne   26
Donuts cosmiques   28
Sablés licorne   30
Crottes de licorne   32
Cookies bars   34
Cheesecake licorne   36
Gâteau roulé   38
Tiramisus rainbow   40
Licorne cake   42
Pop-corn licorne   46
Macarons licorne   48
Tablette de chocolat blanc licorne   50
Unicorn ice cream   52
Esquimaux smoothie colorés   54
Bouchées de yaourt glacé licorne   56
Blue smoothie bowl aux fruits   58
Blue latté   60
Frappuccino® banane framboise   62
Rainbow smoothies   64
Mocktails galaxy   66
Hot white chocolate licorne   68
Milkshakes licorne   70

Les recettes du bonheur

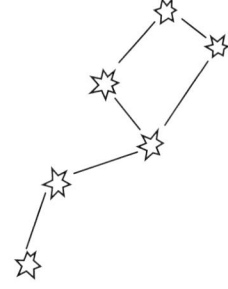

PRINCIPE

La licorne, cet être fantastique et fabuleux, fascine ! Et quand son univers coloré s'installe dans notre assiette, on dit oui ! L'objectif est de manger arc-en-ciel, mais sain !, grâce à des recettes à la fois équilibrées et riches en couleurs, qui régaleront les yeux et les papilles.
Les colorants alimentaires classiques n'inspirant souvent pas confiance (trop chimiques, mauvais pour la santé, etc.), les colorants dits naturels permettent de décorer et de rendre originales vos préparations tout aussi bien que des colorants classiques et surtout sans risques.
Aucun colorant de synthèse n'est utilisé dans ce livre : ils sont tous d'origine végétale. Les recettes sucrées et salées proposées n'en sont pas moins étonnantes, au goût comme à l'œil.

LES COLORANTS ALIMENTAIRES NATURELS

Beaucoup de nos produits du quotidien possèdent de fortes propriétés de coloration – couleurs que l'on peut extraire par décoction, mixage, etc. C'est le cas des feuilles d'épinards, du jus de betterave ou de carotte, mais aussi des épices (curcuma, paprika, etc.) par exemple.

Pour aller plus vite, on peut utiliser des colorants naturels en poudre trouvables dans les magasins spécialisés en pâtisserie ou sur Internet.

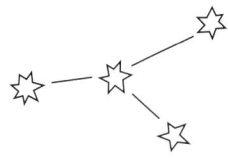

OBTENIR DE JOLIES COULEURS

Bleu : jus de chou rouge + citron, décoction de chou violet, curaçao ou colorant alimentaire naturel en poudre bleu (spiruline bleue, açai, ou klamath) ou colorant alimentaire en poudre pour pâtisserie à base de phycocyanine (pigment bleu contenu dans une micro algue dérivée de la spiruline)

Violet : jus de myrtille, betterave, poudre d'açai

Mauve : jus de chou rouge

Jaune : curry, curcuma, pollen en pelote mixé en poudre

Jaune orangé : curcuma

Rose/Rouge : jus de framboise (ou autre fruit rouge), jus de betterave, du bissap (oseille de Guinée), des graines de Rocou infusées puis mélangées avec du lait d'amande ou du fromage frais

Vert : spiruline verte, jus d'épinard, thé matcha, poudre de jus d'orge

Orange : jus de carotte, jus de baie d'argousier, paprika

Mermaid toasts

Préparation : 5 minutes

Pour 4 toasts

4 tranches de pain de mie ou de pain suédois carrés
Cream cheese, type Philadelphia®
½ concombre
1 pincée de paillettes alimentaires
2-3 gouttes de colorants alimentaires naturels bleu, vert et rose
Coulis de framboise ou cassis
1 pincée de spiruline bleue et verte
1 goutte de coulis de cassis

Faire griller les toasts.

Faire 3 mélanges de couleurs différentes de cream cheese, en garder une partie pour tartiner les toasts. Vous pouvez aussi mélanger du cream cheese avec du coulis de framboise.

Étaler une couche de cream cheese blanc sur le toast, puis une couche du mélange coloré, puis quelques gouttes de colorant pur (ou saupoudrer de spiruline bleue ou verte). Étaler au couteau plat. Saupoudrer de paillettes et servir aussitôt !

Pour encore plus de fantaisie, on peut ajouter des tranches de concombre en leur donnant une forme de fleur ou d'étoile à l'aide d'un emporte-pièce.

Licorne dips

Préparation : 25 minutes

Pour 4 personnes

Houmous
500 g de pois chiches en bocal
2 gousses d'ail
Jus de 1 citron jaune
1 c. à soupe de tahiné (purée de sésame blanche)
5 cl d'huile d'olive
2 c. à café de sel
Pour le houmous rose : 300 g de betteraves cuites sous vide
Pour le houmous bleu : 1 c. à café de colorant naturel bleu en poudre ou spiruline bleue en poudre

Guacamole au sésame
2 avocats mûrs
2 c. à soupe d'huile d'olive
Jus de citron
Sel, poivre
1 pincée de spiruline verte
Fruits et/ou légumes frais pour la décoration

Préparation du houmous
Diluer le tahiné dans 5 cl d'eau chaude. Égoutter les pois chiches. Couper les gousses d'ail en deux. Mixer tous les ingrédients avec le tahiné dilué jusqu'à l'obtention d'une purée bien lisse. Saler à votre convenance. Diviser la préparation en deux. Réserver au frais.

Pour le houmous rose, mélanger les betteraves cuites sous vide mixées à une moitié de la préparation.

Pour le houmous bleu, ajouter le colorant naturel bleu à l'autre moitié de la préparation puis déposer une goutte de colorant bleu liquide au centre pour un effet « mermaid » garanti.

Ajouter des étoiles coupées à l'emporte-pièce dans des rondelles de carotte, de concombre ou de radis rose en guise de décoration.

Préparation du guacamole
Mixer ou écraser tous les ingrédients. Ajouter un peu d'huile d'olive ou d'eau pour lisser le guacamole. Saler à votre convenance.

Ajouter un peu de sésame blanc et des étoiles de concombre sur le dessus.

Servir avec quelques gressins pour tremper.

FOOD SALÉE

Veggie rainbow sandwich

Préparation : 20 minutes

Pour 2 sandwichs

4 tranches de pain suédois
ou de pain à toast aux graines
2 carottes
1 tomate
1 betterave crue
1 avocat
½ concombre
2 c. à soupe de surimi râpé
1 c. à soupe de mayonnaise avec
1 goutte de colorant naturel rose
50 g de chou rouge
½ salade iceberg
½ mangue
50 g de cream cheese avec
1 goutte de colorant bleu naturel
ou spiruline bleue
Quelques radis roses
2 c. à soupe d'huile d'olive
2 pincées de sel rose de l'Himalaya

Éplucher et couper les carottes et la betterave crue en très fins bâtonnets, puis les placer séparément dans des petits bols. Les arroser d'un peu d'huile d'olive et ajouter une pincée de sel rose. Laisser mariner.

Couper la tomate et l'avocat, le concombre, la mangue, la salade iceberg et le chou rouge en fines lamelles. Mélanger le surimi râpé dans un bol avec la mayonnaise rosée.

Placer une tranche de pain dans une assiette, y étaler un peu de cream cheese dessus, ajouter un peu de spiruline ou de colorant naturel et étaler à nouveau à la spatule, comme pour le mermaid toast. Déposer des lamelles de concombre, d'avocat, de salade iceberg, de mangue, puis des fins bâtonnets de carotte, puis une couche de surimi rose, puis du chou rouge, puis de betterave crue.

Fermer le sandwich avec une tranche de pain préparée de la même façon que la première tranche. Emballer le sandwich dans du film alimentaire en le serrant bien.

Conserver au frais pendant 1 à 2 heures.

Couper le sandwich en 2 au moment de servir.

Rouleaux de printemps licorne

Préparation : 15 minutes

Pour 6 petits rouleaux de printemps

6 feuilles de riz
½ paquet de vermicelles de soja
1 à 2 gouttes de colorant bleu naturel ou spiruline bleue
1 carotte
½ avocat
½ chou rouge
1 concombre
Quelques radis roses
Quelques feuilles de salade verte type laitue
½ mangue pour la décoration
Quelques graines de sésame noir et blanc

Sauce tahiné coco citron

1 c. à soupe de tahiné
1 c. à s d'huile de sésame
Jus de ½ citron vert
1 c. à soupe de crème de coco
1 c. à café de sauce soja claire
1 goutte de colorant bleu naturel

Faire cuire les vermicelles selon les indications du paquet, en ajoutant un peu de colorant bleu à l'eau de cuisson. Une fois les vermicelles colorés, réserver dans un bol d'eau froide. Découper la carotte et la moitié du concombre en très fins bâtonnets. Émincer finement le chou rouge. Découper les radis en rondelles et l'avocat en fines lamelles.

Humidifier une feuille de riz, la disposer sur un torchon propre légèrement humidifié. Couper le haut de la feuille (pour obtenir un rouleau ouvert). Disposer les légumes au centre, les éléments apparents en premier (en-dessous). Refermer le rouleau en serrant du bout des doigts la partie basse.

Placer les rouleaux au frais. Au moment de servir, parsemer de graines de sésame noir et blanc, puis décorer avec des étoiles coupées dans la mangue ou dans le reste du concombre.

Mixer les ingrédients de la sauce et ajouter la goutte de colorant bleu. Mélanger avec la pointe d'un couteau une seule fois pour avoir une jolie spirale, puis saupoudrer de graines de sésame. Servir les rouleaux accompagnés de la sauce.

Makis licorne

Préparation : 20 minutes - Cuisson : 50 minutes - Repos : 1 nuit

Pour une dizaine de makis (soit deux rouleaux)

1 petite natte en bambou
½ salade verte type laitue
1 concombre
1 avocat
2 bâtonnets de surimi
Sauce soja salée avec une goutte d'huile de sésame et quelques graines de sésame blanc et noir

Riz vinaigré

150 g de riz rond pour sushi
150 ml d'eau
2 à 3 c. à soupe de vinaigre de riz
1 c. à soupe de sucre en poudre
1 c. à café de sel fin
Colorants naturels rose, bleu, jaune et violet
Wasabi pour décorer

Préparation du riz vinaigré

Faire cuire le riz selon les indications du paquet. Une fois cuit, soulever le couvercle et laisser reposer pendant 10 minutes.

Dans une casserole, faire chauffer le vinaigre, le sel et le sucre ensemble et mélanger pour dissoudre le sucre et le sel, sans porter à ébullition. Laisser refroidir.

Répartir le mélange vinaigré dans 3 à 4 bols, en ajoutant les gouttes de colorant dans chaque bol.

Déposer le riz dans un grand saladier pour le refroidir, puis le répartir dans les bols afin d'obtenir un riz bleu, un riz rose, un riz vert et un riz jaune.

Préparation des makis

Laver, sécher et découper en bandes les feuilles de salade verte. Placer les feuilles sur la natte de bambou, puis étaler chaque riz sur environ ½ centimètre d'épaisseur afin de former une sorte d'arc-en-ciel. Ajouter par dessus une bande de surimi, d'avocat et/ou de concombre. Rouler le riz sur lui-même grâce à la natte en serrant bien pour que le rouleau soit ferme. Répéter l'opération pour le second rouleau.

Placer les rouleaux au frais pendant une nuit. Le lendemain, les couper en tronçons de 3 cm de large. Servir aussitôt avec du wasabi et des graines de sésame accompagnés de la sauce soja et sésame.

Bol de noodles veggie

Préparation : 40 minutes - Cuisson : 40 minutes - Repos : 10 minutes

Pour 2 bols

100 g de vermicelles de riz
2 gouttes de colorant naturel liquide bleu
2 gouttes de colorant naturel violet ou rose fuchsia
½ betterave rouge
1 avocat
5 radis roses
½ concombre
½ fruit du dragon
Quelques fleurs comestibles bleues (pensée ou bourrache)
Graines de sésame noir et blanc

Sauce

1 c. à soupe de tahiné
1 c. à café de miso blanc
2 c. à soupe de jus de citron
1 c. à soupe de sauce soja
1 pincée de poudre de gingembre
1 c. à soupe d'huile de sésame
1 c. à soupe de lait de coco
1 c. à soupe d'eau chaude

Préparer la sauce en mélangeant tous les ingrédients.

Faire cuire les vermicelles selon les indications du paquet dans 2 casseroles différentes, l'une avec du colorant bleu, l'autre avec du colorant rose. Une fois les vermicelles colorés, égoutter et réserver dans un bol d'eau froide.

Disposer les noodles des deux couleurs dans deux bols puis ajouter l'avocat et le fruit du dragon coupés en lamelles, les radis en rondelles et la betterave crue et le concombre coupés en étoiles à l'emporte-pièce. Saupoudrer de sésame noir et blanc.

Servir avec la sauce versée sur toute la surface du bol et bien mélanger avant de déguster !

On peut évidemment ajouter d'autres sortes de légumes ou fruits à ce bol (fraises coupées en deux, roquette, poivron jaune, ciboule, etc.).

Croque-licorne

Préparation : 10 minutes - Cuisson : 5 minutes

Pour 4 croque-licorne

8 tranches de pain de mie blanc
120 g de mortadelle
150 g de mozzarella râpée
100 g de gruyère râpé
20 g de beurre
Colorants naturels (4 couleurs différentes)

Mélanger les fromages puis répartir dans 4 bols. Ajouter quelques gouttes de colorants et mélanger pour uniformiser.

Beurrer les 8 tranches de pain de mie à l'intérieur et à l'extérieur.

Répartir les 4 couleurs de fromage sur le pain en bandes côte à côte. Ajouter la tranche de mortadelle puis recouvrir d'une couche de fromage coloré et fermer avec une tranche de pain.

Faire cuire les croque-licorne deux par deux dans un toasteur pendant 5 minutes à 180 °C, ou au four pendant 5 minutes à 200 °C.

Soupe violette tourbillon

Préparation : 10 minutes - Cuisson : 30 à 40 minutes

Pour 4 personnes

400 g de carottes violettes
1 oignon rouge
150 g de chou rouge
80 cl de bouillon de légumes
20 cl de crème liquide
Sel et poivre
20 g de beurre salé
2 pincées de colorant naturel bleu en poudre (ou spiruline bleue)
Graines de sésame blanc
Fleurs comestibles bleues (type bourrache)

Laver, éplucher et couper en morceaux les carottes et le chou rouge. Émincer l'oignon rouge. Dans une cocotte, faire fondre le beurre, puis ajouter l'oignon. Laisser suer et ajouter les carottes et le chou rouge. Verser le bouillon, saler et poivrer. Couvrir puis laisser cuire environ 30 à 40 minutes.

Mixer finement en ajoutant un peu de crème liquide.

Au moment de servir dans les bols, verser un filet de crème liquide et ajouter du colorant bleu. Saupoudrer de sésame blanc et ajouter quelques fleurs.

Servir sans attendre.

On peut aussi ajouter des zestes d'orange ou de citron.

Pancakes licorne

Préparation : 10 minutes - Cuisson : 15 à 20 minutes - Repos : 30 minutes

Pour 12 pancakes

250 g de farine
1 sachet de levure
1 sachet de sucre vanillé
ou 1 c. à café d'extrait de vanille liquide
5 cl d'huile de tournesol ou de pépins de raisin
150 ml de lait entier
2 œufs bio
50 g de sucre en poudre blond
1 pincée de sel fin
60 g de galets de chocolat blanc à fondre
Décorations colorées à parsemer
Copeaux de noix de coco
Colorants naturels (vert, bleu, jaune et rose)

Dans un saladier, mélanger la farine, le sel, le sucre et la levure. Ajouter les œufs un par un en fouettant avec une fourchette. Ajouter l'huile et fouetter à nouveau. Verser ensuite le lait et fouetter jusqu'à ce que la pâte soit bien lisse.

Répartir la pâte dans 3 ou 4 bols (selon le nombre de colorants choisis), y ajouter un peu de colorants naturels, mélanger bien et laisser reposer à température ambiante pendant 30 minutes.

Dans une poêle chaude et graissée, verser une petite louche de pâte. Retourner chaque pancake au fur et à mesure que des bulles se forment. Faire fondre le chocolat blanc au bain-marie. Recouvrir les pancakes de chocolat blanc liquide, décorer et parsemer de copeaux de noix de coco.

FOOD SUCRÉE

Cupcakes galaxy aux myrtilles

Préparation : 1 heure - Cuisson : 25 minutes - Repos : 1 heure

Pour 6 à 7 cupcakes

130 g de farine
80 g de sucre
1 c. à café de levure chimique
1 pincée de sel
1 œuf
30 ml d'huile de tournesol
70 ml de lait
100 g de myrtilles
Décorations argentées, bleues, en forme d'étoile, etc.

Glaçage

25 g de beurre doux ramolli
110 g de cream cheese
50 g de sucre glace
50 g de mascarpone
Colorants naturels (bleu, bleu foncé, bleu clair et violet)

Préchauffer le four à 180 °C.

Dans un grand saladier, mélanger la farine, le sucre, la levure chimique et le sel.

Dans un autre saladier, battre les œufs puis ajouter le lait et l'huile. Incorporer le mélange sec, puis ajouter les myrtilles et mélanger très délicatement pour ne pas les abîmer. Répartir la pâte dans des caissettes en papier pour cupcakes.

Enfourner pendant 20 minutes. Les laisser refroidir 30 minutes sur une grille hors du four avant de les décorer.

Glaçage & décoration

Dans un saladier, fouetter au batteur le beurre ramolli avec le cream cheese. Lisser bien, puis ajouter le sucre glace et le mascarpone. Battre le mélange quelques minutes pour qu'il soit bien lisse.

Répartir cette préparation dans 3 bols. Ajouter dans chaque bol quelques gouttes d'un colorant. Mélanger chaque couleur séparément pour qu'elles soient bien différentes.

Garnir une même poche à douille de 2 glaçages différents. Placer la poche au réfrigérateur pendant 30 minutes. Pocher chaque cupcakes en appuyant doucement en formant des cercles. Décorer les cupcakes.

Les cupcakes se conservent 2 jours au réfrigérateur dans une boite hermétique.

FOOD SUCRÉE

Cupcakes rainbow

Préparation : 1 heure - Cuisson : 25 minutes - Repos : 1 heure

Pour 6 cupcakes

85 g de beurre mou ou ramolli
100 g de sucre en poudre
1 œuf
130 g de farine
1 c. à café de levure chimique
1 c. à café de vanille en poudre ou liquide
90 ml de lait
1 pincée de sel
50 g de fraises
Décorations en sucre, licornes en papier

Glaçage

25 g de beurre
110 g de cream cheese
50 g de sucre glace
50 g de mascarpone
Quelques gouttes de colorants naturels (bleu, rose, vert, jaune et violet)
Un peu de barbe à papa pour décorer

Préchauffer le four à 180 °C.

Battre le beurre avec le sucre dans un saladier puis ajouter l'œuf.

Dans un autre saladier, mélanger la farine, la vanille, la levure et le sel, puis incorporer la moitié de ce mélange au mélange humide. Ajouter une moitié de lait et battre. Ajouter l'autre moitié du lait et battre jusqu'à ce que la pâte soit lisse et homogène.

Remplir les caissettes à cupcakes au trois quarts et enfourner pendant 20-25 minutes. Sortir du four et laisser refroidir 30 minutes avant de décorer.

Une fois refroidis, retirer une cuillère à café de gâteau au centre pour y enfoncer une demi-fraise au milieu (ou une fraise entière si elle est petite).

Glaçage & décoration
Reprendre les indications de préparation du glaçage page 24.

Répartir cette préparation dans 5 bols, ajouter dans chaque bol quelques gouttes de colorants bleu, rose, violet, jaune et vert. Bien mélanger chaque couleur avec une spatule souple. Garnir une même poche à douille de chacune des couleurs.

Une fois les cupcakes refroidis, former des arcs de cercle avec la poche à douille multicolore. Ajouter un morceau de barbe à papa et décorer d'une licorne en papier, d'une corne en pâte à sucre, d'oreilles découpées dans des feuilles de pâte à sucre, etc.

Donuts cosmiques

Préparation : 30 min - Cuisson : 20 minutes - Repos : 1 heure 30 + 1 heure de séchage

Pour 6 donuts

140 g farine
90 ml d'eau tiède (20 °C)
3 g de levure fraîche de boulanger
4 jaunes d'œufs
1 c. à soupe de lait
20 g de levure fraîche
125 g de farine
30 g de sucre
30 g de beurre mou
5 g de sel
1 l d'huile pour friture
Paillettes alimentaires argentées, perles métallisés, etc.

Glaçage

1 blanc d'œuf
250 g de sucre glace
1 filet de jus de citron
Colorant naturel bleu

Émietter la levure de boulanger, verser l'eau tiède pour la diluer, rajouter la farine et mélanger. Former une boule, et laisser monter 1 heure dans le four éteint.

Mettre le levain dans un saladier ou dans le bol d'un robot pâtissier. Travailler la pâte avec les poings ou enclencher le programme pétrissage pour 3 minutes puis ajouter le lait tout en continuant de pétrir.

Incorporer la levure émiettée, puis le sucre, la farine, les jaunes d'œufs, et le sel. Travailler la pâte 3 minutes. Elle doit être bien lisse. Ajouter le beurre mou.

Façonner une boule et la recouvrir avec du film alimentaire. Laisser monter 1 heure. La pâte doit doubler de volume.

Faire des morceaux de pâte de taille identique (boules de 30-40 g). Former un trou au milieu avec le doigt, puis agrandir le trou pour donner la forme des donuts.

Mettre les donuts sur une plaque recouverte de papier sulfurisé et les laisser monter 30 minutes minimum à température ambiante. Les plonger dans l'huile de friture à 180 °C de chaque coté 3 minutes. Égoutter et placer sur du papier absorbant.

Glaçage & décoration

Dans un bol, mélanger au fouet le blanc d'œuf, le sucre glace et le jus de citron. Lorsque le glaçage est bien lisse, ajouter le colorant bleu (la spiruline donnera un bleu superbe). Répartir le glaçage sur chaque donut, puis laisser sécher 1 heure. Décorer pour rendre les donuts absolument cosmiques.

Sablés licorne

Préparation : 30 minutes - Cuisson : 8 minutes - Repos : 1 heure

Pour environ 30 biscuits

375 g de farine
5 g de levure chimique
230 g de beurre
200 g de sucre en poudre
1 œuf
Arôme vanille
Paillettes ou gel doré alimentaires
Stylo noir alimentaire

Glaçage
1 blanc d'œuf
2 c. à café de jus de citron
250 g de sucre glace
Colorants naturels (rose, bleu, jaune)

Fouetter au batteur le beurre mou et le sucre. Ajouter l'œuf et la vanille. Incorporer le mélange farine-levure. Former une boule (rajouter de la farine si la pâte est collante). Filmer et réserver au frais au moins 1 heure.

Préchauffer le four à 180 °C.

Abaisser la pâte froide au rouleau, sur un demi-centimètre d'épaisseur. Découper la pâte à l'aide d'emporte-pièces en forme de licorne, de nuage ou d'étoile. Placer les biscuits sur une plaque de cuisson recouverte de papier sulfurisé. Mettre quelques minutes au réfrigérateur avant de les cuire au four 8 minutes. Refroidir hors du four.

Glaçage & décoration
Mélanger tous les ingrédients. Le glaçage doit être un peu épais dans un premier temps (pour tracer les contours). Ajuster la consistance en rajoutant du sucre glace ou de l'eau.

Diviser en autant de bols que de couleurs (blanc, rose, bleu, jaune et violet), puis ajouter les colorants dans chaque bol.

Pour dessiner la crinière de la licorne, faire des traits de différentes couleurs. Laisser sécher quelques minutes après chaque trait de couleur. On peut rajouter un peu d'eau (vraiment petit à petit) pour liquéfier le glaçage s'il sèche trop vite. Laisser sécher au moins 1 heure.

Décorer la corne de la licorne avec des paillettes ou du gel doré et dessiner les yeux avec le stylo.

FOOD SUCRÉE

Crottes de licorne

Préparation : 15 minutes - Cuisson : 1 heure

Pour environ 20 crottes de licorne

60 g de blancs d'œufs, soit 2 œufs
120 g de sucre en poudre fin
Colorants naturels rose, vert et bleu

Préchauffer le four à 100 °C.

Battre les blancs en neige ferme. Lorsqu'ils commencent à monter, incorporer le sucre en poudre sans arrêter de battre.

Répartir le mélange dans 4 bols. Garder un bol blanc et déposer des gouttes de colorants dans les 3 bols restants.

Placer les 4 couleurs dans une poche à douille sans douille. Former 4 boudins côte à côte sur un rectangle de film alimentaire posé à plat sur le plan de travail, puis 4 autres. Rouler le film sur lui-même sans fermer les extrémités et le placer dans une poche à douille munie d'une douille cannelée.

Dresser les meringues sur une plaque à pâtisserie recouverte d'une feuille de papier sulfurisé en les espaçant bien les unes des autres.

Enfourner pendant 1 heure environ à 100 °C.

À la sortie du four, poser les meringues sur une grille pour qu'elles refroidissent et déguster.

Les meringues se conservent dans une boîte hermétique pendant 1 semaine.

Cookie bars

Préparation : 30 minutes - Cuisson : 25 à 30 minutes - Repos : 1 heure

Pour une plaque de biscuits de 40 x 35 cm (environ 10 personnes)

3 œufs
200 g de sucre en poudre
150 g de beurre mou
½ c. à café d'extrait de vanille en poudre ou liquide
1 pincée de sel
300 g de farine
40 g de décorations en sucre colorées (vermicelles, billes, étoiles, etc.)

Glaçage
40 g de beurre ramolli
110 g de cream cheese (type Philadelphia®)
50 g de sucre glace
1 à 2 c. à café de colorant naturel bleu

Battre le beurre en pommade puis ajouter le cream cheese jusqu'à ce que le mélange soit homogène. Ajouter le sucre glace et lisser la préparation en battant.

Placer cette préparation dans une poche à douille munie d'une douille cannelée ou lisse. Mettre la poche au réfrigérateur pour 1 heure.

Préchauffer le four à 180 °C.

Préparer le biscuit en battant le beurre avec le sucre et le sel. Ajouter les œufs un à un puis la vanille. Battre sans arrêter puis ajouter la farine. Battre jusqu'à ce que le mélange soit lisse.

Ajouter les décorations en sucre et mélanger à la spatule. La pâte doit être assez épaisse et pleine de décorations en sucre. Étaler cette pâte sur une plaque à génoise de 1 cm d'épaisseur. Enfourner pendant 25-30 minutes.

À la sortie du four, laisser le biscuit refroidir sur une grille. Lorsqu'il est bien froid, former des petites spirales au-dessus de 2 ou 3 cm de diamètre avec la poche à douille puis saupoudrer de décorations en sucre.

Couper la plaque en petits carrés pour la dégustation.

FOOD SUCRÉE

Cheesecake licorne

Préparation : 30 minutes - Réfrigération : 1 journée - Repos : 1 heure

Pour 6 personnes

200 g de biscuits (petits-beurre ou spéculoos)
90 g de beurre
600 g de cream cheese (type Philadelphia®)
300 g de yaourt grec ou fromage blanc
1 c. à soupe de jus de citron
75 g de sucre en poudre
2 feuilles de gélatine
125 ml d'eau
3 ou 4 colorants naturels de couleur différente

Écraser les biscuits dans un sachet congélation fermé hermétiquement, à l'aide d'un rouleau à pâtisserie.

Faire fondre le beurre au micro-ondes. Verser le beurre fondu sur les biscuits écrasés et malaxer pour former une pâte granuleuse. Tapisser le fond d'un moule à fond amovible en remontant légèrement sur les bords à l'aide d'un verre. Réserver au réfrigérateur pendant 1 heure.

Mélanger le yaourt avec le cream cheese et le jus de citron. Battre au fouet pendant 2 minutes.

Faire bouillir l'eau dans une casserole avec le sucre en poudre pour obtenir un sirop. Une fois fondu, éteindre le feu et ajouter la gélatine préalablement réhydratée. Bien mélanger pour que la gélatine fonde complètement. Verser dans la crème à base de yaourt et fouetter pour bien homogénéiser.

Répartir la préparation dans 3 ou 4 bols. Ajouter les colorants dans chaque bol et mélanger pour obtenir des couleurs pastels.

Sortir le fond de tarte du réfrigérateur, puis verser les crèmes colorées, l'une après l'autre, dans le moule. Recouvrir une couleur par une autre jusqu'à épuisement des crèmes.

Dessiner des spirales avec un pique en bois dans le cheesecake et placer au réfrigérateur pendant 24 heures. Démouler et servir sans attendre.

FOOD SUCRÉE

Gâteau roulé

Préparation : 25 minutes - Cuisson : 10 minutes - Repos : 10 à 30 minutes

Pour 10 personnes

Biscuit
4 œufs
125 g de sucre
125 g de farine
1 c. à café d'extrait de vanille

Garniture
150 g de cream cheese (type Philadelphia®)
300 g de mascarpone
60 g de sucre glace
Jus de 1 citron
1 c. à café de poudre de colorant naturel bleu (type spiruline bleue ou klamath)
Décorations en sucre scintillant bleues, roses, violettes, etc.
100 g de fraises type mara des bois

Disposer une feuille de papier cuisson sur une plaque à pâtisserie. Huiler légèrement. Préchauffer le four à 180 °C.

Dans un saladier, battre les jaunes d'œufs avec le sucre et la vanille jusqu'à ce que le mélange blanchisse. Réserver.

Dans un second saladier, monter les blancs en neige ferme. Incorporer une partie des blancs au premier appareil et battre au fouet pour détendre le mélange. Incorporer le reste des blancs. Ajouter la farine en deux fois et mélanger.

Une fois l'appareil homogène, verser sur la plaque à pâtisserie. Étaler avec une spatule puis enfourner pendant 10 minutes.

Retourner le biscuit sur un torchon propre et humide. Soulever la plaque, puis retirer le papier cuisson. Découper le tour pour que les bords soient bien nets. Le rouler délicatement avec le torchon humide autour. Laisser reposer 10 à 30 minutes.

Préparer la garniture en mélangeant le cream cheese avec le mascarpone, le sucre glace et le jus de citron. Ajouter le colorant et mélanger.

Dérouler le biscuit et étaler la crème bleue, puis parsemer de morceaux de fraises. Rouler à nouveau le biscuit accompagné du torchon humide. Étaler la crème restante sur toute la surface du gâteau roulé. Décorer de sucres scintillants. Servir aussitôt ou placer au frais.

Tiramisus rainbow

Préparation : 35 minutes - Repos : 1 nuit (4 heures minimum)

Pour 6 tiramisus

250 g de mascarpone
80 g de sucre glace
3 œufs
1 c. à café d'extrait de vanille
1 pincée de sel
150 g de biscuits roses de Reims
100 g de brisures de framboises surgelées
50 ml d'eau
Chantilly, pour le dressage
Pâte à sucre de couleurs différentes pour la corne
Décorations en sucre, paillettes alimentaires violettes, roses, bleues et vertes

Séparer les blancs des jaunes d'œufs. Dans un saladier, battre au fouet électrique le sucre, les jaunes d'œufs et la vanille jusqu'à l'obtention d'une crème. Ajouter le mascarpone puis battre à nouveau pour homogénéiser.

Battre les blancs en neige avec une pincée de sel. Lorsqu'ils sont fermes, les ajouter à la crème en mélangeant délicatement à la spatule.

Mixer les brisures de framboises surgelées dans un mixeur avec un peu d'eau pour en faire un coulis. Couper les biscuits roses de Reims en deux et les tremper dans le coulis de framboise.

Disposer les biscuits dans des verres hauts, arroser de coulis (1 à 2 cuillerées à soupe), puis ajouter de la crème. Répéter l'opération une seconde fois.

Placer les verres au réfrigérateur pendant une nuit (ou 4 heures minimum).

Pour réaliser les cornes en pâte à sucre, étaler une boule de pâte à sucre avec un rouleau à pâtisserie pour former une plaque, puis la rouler sur elle-même afin d'obtenir un petit boudin. Utiliser deux couleurs pour obtenir deux boudins, les enrouler sur eux-mêmes autour d'un petit pique en bois. Placer les cornes au réfrigérateur. On peut rajouter des paillettes dorées mélangées à un peu d'eau sur les cornes.

Au moment de servir, recouvrir de chantilly et de paillettes. Planter une corne en sucre et servir.

FOOD SUCRÉE

Licorne cake

Préparation : 3 heures - Cuisson : 15 minutes - Repos : 30 minutes

Pour 6 à 8 personnes

Biscuit au citron vert
5 œufs
155 g de sucre
155 g de farine
1 c. à café d'extrait de vanille
1 citron vert
100 g de framboises fraîches

Crème au beurre à la meringue suisse
5 blancs d'œufs
250 g de sucre
190 g de beurre mou

Dressage
Pâtes à sucre noire et blanche
100 g de framboises fraîches
Colorants naturels (jaune, vert, etc)

Préchauffer le four à 180 °C. Beurrer et fariner 4 petits moules à manqué de 16 cm de diamètre.

Dans un grand bol, battre les jaunes d'œufs avec le sucre et la vanille, jusqu'à ce que le mélange blanchisse. Monter les blancs en neige à part. Incorporer une première partie des blancs au mélange précédent en fouettant, puis la seconde partie délicatement avec une spatule souple. Ajouter la farine et mélanger au fouet. Ajouter les zestes du citron vert.

Répartir équitablement la préparation dans les moules. Lisser à la spatule souple. Enfourner les 4 gâteaux pendant 10 minutes environ. Le biscuit doit être légèrement doré, mais pas brun.

Laisser refroidir quelques minutes, puis démouler les gâteaux encore chauds. Les laisser refroidir sur une grille sans les chevaucher.

Réaliser la meringue suisse. Faire chauffer les blancs d'œufs et le sucre en poudre au bain-marie dans un cul-de-poule, tout en fouettant à l'aide d'un fouet électrique à moyenne vitesse. Augmenter la vitesse progressivement, jusqu'à ce que le mélange atteigne environ 50 °C.

Verser la préparation dans un autre bol, hors du bain-marie et continuer de fouetter jusqu'à ce qu'elle soit totalement refroidit. La meringue doit être onctueuse, souple et brillante.

FOOD SUCRÉE

Licorne cake

Prélever ⅔ de la masse ainsi obtenue et y incorporer le beurre mou, toujours en fouettant, pendant 3 minutes. La texture doit être crémeuse et ferme. Réserver la crème au beurre à la meringue suisse 30 minutes au frais. Réserver au frais le dernier tiers qui servira à réaliser la crinière.

Réaliser les yeux, les oreilles et la corne de la licorne en pâte à sucre.

Commencer le montage en disposant un premier disque de biscuit, y étaler une petite couche de crème au beurre, déposer quelques framboises, recouvrir d'un second biscuit et tasser légèrement. Recommencer l'opération en terminant par le dernier biscuit.

Recouvrir ensuite tout le gâteau d'une première couche de crème au beurre, puis réserver au frais environ 10 à 15 minutes. Recouvrir d'une seconde couche de crème et lisser. Le gâteau doit être bien uniforme. Si nécessaire, replacer 10 minutes au frais et recouvrir d'une dernière couche de crème.

Sortir la meringue suisse restante, mise de côté pour la crinière. La répartir dans 5 bols et colorer en jaune, vert, bleu, violet et rose, en fouettant bien chaque couleur.

Répartir sur un film alimentaire les 5 couleurs en bandes côte à côte, rouler dans le film et disposer le tout dans une poche à douille (douille au choix). Réserver au frais.

Planter la corne et les oreilles, puis pocher la meringue suisse arc-en-ciel tout autour de la corne et des oreilles, en créant une crinière qui descend derrière le gâteau et revient sur le côté. Disposer les yeux. Saupoudrer de paillettes ou de billes dorées.

FOOD SUCRÉE

Pop-corn licorne

Préparation : 20 minutes - Cuisson : 20 minutes

Pour 4 personnes

150 g de grains de maïs pour pop-corn
2 c. à soupe d'huile de pépins de raisin ou de tournesol
125 g de sucre en poudre
125 g d'eau
60 g de beurre doux
Colorants naturels (rose, bleu et vert)

Dans une grande casserole, faire chauffer l'huile 2 minutes puis ajouter les grains de maïs. Couvrir à feu doux et laisser les grains exploser pendant 5 minutes environ, en remuant de temps en temps.

Dans une petite casserole, porter à ébullition l'eau et le sucre. Lorsque le sirop est formé, ajouter le beurre. Baisser le feu et laisser cuire 5 minutes en mélangeant bien.

Verser le sirop dans 3 petits bols. Ajouter et mélanger quelques gouttes de colorant dans chaque bol. Ajouter le pop-corn dans les bols afin de le colorer des 3 couleurs.

Laisser sécher le pop-corn à température ambiante quelques heures dans un endroit bien sec, ou placer les bols dans le four pendant 5 minutes, à 160 °C pour qu'il sèche plus vite.

Macarons licorne

Préparation : 30 minutes - Cuisson : 15 minutes - Repos : 1 heure 30 - Réfrigération : 1 nuit

Pour 20 macarons

140 g de blancs d'œufs, soit
4 œufs
185 g de sucre
160 g de poudre d'amandes extra fine (spéciale macarons)
160 g de sucre glace tamisé
Arôme vanille
Arôme au choix (fraise, eau de rose, violette, etc.)
Colorants naturels en poudre (ne pas utiliser de colorants liquides)
150 g de galets de chocolat blanc colorés en bleu
50 g de galets de chocolat blanc
10 cl de crème liquide
1 c. à café d'extrait de vanille liquide
Peinture alimentaire doré (ou paillettes dorées mélangées à de l'eau)
Pâte à sucre pour la corne (2 couleurs)

Partager le sucre dans 2 bols. Fouetter les blancs au batteur puis ajouter un premier bol de sucre. Continuer de battre jusqu'à la formation de pics, puis verser le second bol de sucre en augmentant la vitesse. Fouetter jusqu'à ce que tout le sucre soit dissout.

Dans un saladier, tamiser la poudre d'amandes et le sucre glace, puis les incorporer délicatement aux blancs en neige. Ajouter la vanille et l'arôme choisi.

Séparer le mélange dans 2 ou 3 bols, en fonction du nombre de couleurs désirées. Ajouter une cuillerée à café de colorant dans chaque bol. Préchauffer le four à 150 °C.

Superposer les préparations colorées dans une poche à douille. Pocher les macarons sur une feuille de papier sulfurisée placée sur une plaque à pâtisserie. Former des petits disques uniformes. Laisser reposer 1 heure dans un endroit très sec. Le macaron va croûter.

Enfourner la plaque de macarons 15 minutes. Sortir du four et laisser refroidir.

Faire fondre les 2 chocolats blancs au bain-marie et lisser à la spatule. Faire bouillir la crème liquide avec la vanille et verser sur le chocolat. Lisser à la spatule.

Placer la ganache au réfrigérateur pendant 30 minutes. Garnir les coques de macaron avec une poche à douille ronde et recouvrir d'une autre coque. Peindre chaque macaron d'une touche de doré et planter une corne en pâte à sucre.

FOOD SUCRÉE

Tablettes de chocolat blanc licorne

Préparation : 10 minutes - Cuisson : 5 minutes - Repos : 1 nuit

Pour 4 tablettes

400 g de galets de chocolat blanc
180 g de galets de chocolat blanc colorés bleu, rose ou violet
30 g de décorations en sucre multicolores
4 moules en plastique de tablette de chocolat

Faire fondre au bain-marie les deux chocolats séparément. Verser à la cuillère des spirales de chocolat bleu au fond des moules, puis saupoudrer de décorations. Verser ensuite le chocolat blanc par-dessus. Placer au frais pendant une nuit.

Démouler les plaques de chocolat blanc et saupoudrer à nouveau de décorations multicolores.

Déguster avec un hot white chocolate (recette page 68).

FOOD SUCRÉE

Unicorn ice cream

Préparation : 20 min - Congélation : 1 nuit

Pour un bac de 1 litre de glace

1 l de crème fleurette entière
200 g de lait concentré sucré
3 gouttes d'extrait de vanille ou
1 gousse de vanille bourbon
Colorants naturels bleu, rose, jaune, violet et vert
Décorations en sucre multicolores

Dans un grand saladier, battre la crème liquide avec la vanille. Lorsque la crème fouettée est ferme, ajouter le lait concentré et fouetter de nouveau.

Verser la préparation dans 5 petits bols individuels. Ajouter quelques gouttes de colorants dans chaque bol et mélanger doucement jusqu'à la coloration souhaitée.

Verser le contenu des 5 bols un par un dans un bac à glace, afin que les couleurs se superposent. Avec un pique, faire des « 8 » pour mélanger les couleurs. Saupoudrer le bac de décorations et placer le bac au congélateur pendant 1 nuit.

Le lendemain, sortir le bac 15 minutes avant de pouvoir former des boules de glace.

Esquimaux smoothie colorés

Préparation : 20 minutes - Congélation : 1 nuit minimum

Pour 10 esquimaux

800 g de yaourt nature
Myrtilles
Fraises
Mûres
Mangue
Fruits de la Passion
Fruit du dragon
80 g de sucre ou de sirop d'agave
Quelques gouttes de colorants naturels ou de spiruline bleue
1 moule à esquimaux en silicone avec 10 bâtonnets en bois

Couper les fruits en tranches ou en morceaux et les répartir dans des bols en fonction de leur couleur. Garder quelques tranches de fruits pour la décoration. Mélanger la moitié du yaourt avec les colorants.

Déposer les morceaux de fruits au fond du moule, puis verser un peu de yaourt nature. Finir de remplir les esquimaux avec les différentes couleurs de yaourt. Chaque esquimau doit avoir sa couleur.

Placer au congélateur pendant une nuit au minimum.

Démouler doucement et déguster aussitôt !

Bouchées de yaourt glacé licorne

Préparation : 10 min - Congélation : 1 nuit (4 heures minimum)

Pour 4 personnes

1 plaque en silicone à empreinte en forme de cœur ou d'étoile (ou un bac à glaçons)
300 g de yaourt grec
30 g de sucre ou de miel liquide
2 c. à café d'extrait de vanille liquide ou en poudre
Colorants naturels au choix (3 couleurs minimum)
Quelques bandes de bonbons arc-en-ciel

Mélanger au fouet le yaourt avec le sucre et la vanille. Répartir la préparation dans autant de bols que de couleurs choisies.

Ajouter les colorants dans chaque bol, puis mélanger jusqu'à l'obtention de la couleur désirée.

Remplir une poche à douille sans douille avec une cuillère à soupe de yaourt de chaque couleur (superposer en couches). Pocher les empreintes. Les couleurs vont se mélanger.

Placer les bouchées au congélateur pendant une nuit.

Démouler les bouchées et ajouter un morceau de bonbon arc-en-ciel pour décorer.

Blue smoothie bowl aux fruits

Préparation : 15 minutes

Pour 2 bols

150 ml de boisson végétale à l'amande
100 ml de lait de coco
1 yaourt nature ou à la vanille
1 banane
50 g de myrtilles
2 c. à soupe de sirop d'agave
Colorant naturel bleu
1 poignée de mûres
2 c. à soupe de brisures de framboises surgelées
Quelques copeaux de noix de coco
½ kiwi
3 tranches de fruit du dragon
Quelques fleurs type bourrache, pour décorer
Paillettes dorées alimentaires

Dans un blender, verser la boisson végétale, le lait de coco et le yaourt. Ajouter les bananes coupées en rondelles, les myrtilles (en garder un peu pour décorer), le sirop d'agave et le colorant bleu. Mixer jusqu'à l'obtention d'un smoothie onctueux bien bleu.

Verser dans 2 bols puis décorer avec des fruits découpés en étoile avec un emporte-pièce, des brisures de framboises, des mûres, du fruit du dragon, du kiwi et des copeaux de noix de coco.

Saupoudrer de paillettes dorées et servir sans attendre !

On peut ajouter d'autres super aliments dans ce smoothie, type açaï, maca ou des graines de chanvre décortiquées.

Blue latté

Préparation : 5 minutes - Cuisson : 1 minute

Pour 2 verres

200 ml de boisson végétale
à l'amande, à l'avoine ou au riz
50 ml de lait de coco
1 c. à café de gingembre en poudre
Jus de ½ citron
2 c. à café de sirop d'agave
Colorant naturel bleu (ou poudre de spiruline bleue ou de klamath)
Paillettes alimentaires,
pour décorer

Mixer tous les ingrédients dans un blender, puis faire chauffer au micro-ondes (ou déguster froid).

Verser dans des verres ou des mugs.

Saupoudrer de paillettes.

FOOD SUCRÉE

Frappuccino® banane framboise

Préparation : 15 minutes

Pour 2 verres

Smoothie rose
2 bananes en rondelles congelées
100 g de brisures de framboises surgelées
100 ml de boisson végétale à l'amande ou de lait demi-écrémé
1 c. à soupe de sirop de grenadine ou de fraise
½ fruit du dragon

Coulis bleu
60 g de galets de chocolat blanc
Quelques gouttes de colorant naturel bleu (ou opter pour des galets déjà colorés)
2 c. à soupe de crème de coco
4 c. à soupe de crème fouettée à base de crème de coco
Décorations alimentaires roses et bleues

Faire fondre le chocolat blanc au bain-marie puis ajouter la crème de coco et mélanger jusqu'à ce que le coulis soit lisse et onctueux. Ajouter le colorant bleu et mélanger de nouveau. Réserver.

Dans un blender, mixer la boisson végétale avec les bananes congelées et les framboises. Ajouter le sirop et le fruit du dragon coupé en gros dés puis mixer à nouveau. Rectifier la consistance : ajouter de la boisson végétale ou de l'eau si le smoothie est trop épais pour être bu à la paille.

Déposer le coulis de chocolat bleu sur les parois d'un verre haut, en spirale, puis verser le smoothie rose par-dessus. Recouvrir de crème fouettée et décorer. Servir aussitôt.

On peut aussi rajouter un coulis de framboises par-dessus ou d'avantage de coulis bleu !

Rainbow smoothies

Préparation : 20 minutes

Pour 2 grands verres ou bocaux

250 g de yaourt grec
100 ml de jus d'ananas
3 bananes
50 g de myrtilles ou de mûres (ou de l'açai en poudre)
50 g de fruits rouges
1 kiwi
½ mangue
5 fraises
Quelques framboises
½ fruit du dragon
Décorations alimentaires

La veille, couper et congeler tous les fruits dans des sachets plastiques (ou utiliser des fruits déjà surgelés).

Au moment de déguster, mixer au blender les fraises, 2 cuillerées à soupe de bananes, 2 cuillerées à soupe de jus d'ananas, 2 cuillerées à soupe de yaourt grec, puis placer dans un grand verre ou un bocal. Répéter l'opération avec la même quantité de bananes, de yaourt et de jus de d'ananas en ajoutant tour à tour les framboises et fruits rouges congelés, les myrtilles, le kiwi, puis la mangue, afin de créer plusieurs couches de couleur.

Terminer en décorant le smoothie, en lui ajoutant une jolie paille et une tranche de fruit du dragon découpée en étoile ou de quelques myrtilles.

Déguster aussitôt ou fermer le bouchon du bocal et l'emporter au bureau ou en pique-nique.

Mocktails galaxy

Préparation : 5 minutes - Congélation : 6 heures

Pour 4 verres de cocktail

1 l de jus de citron à la menthe
50 ml de sirop de grenadine
2 citrons verts
2 à 4 gouttes de colorant alimentaire bleu
4 cerises cocktail
Sucre coloré violet

Verser la moitié de la bouteille de citronnade dans un bac ou un plat à gratin. Placer au congélateur pendant 3 heures, puis gratter avec une fourchette pour former des cristaux. Replacer au congélateur pour 3 heures, gratter à nouveau le granité. Si c'est encore trop liquide, placer au congélateur 1 heure supplémentaire.

Verser dans chaque verre une dose de grenadine. Ajouter du granité jusqu'au bord. Découper des rondelles de citron vert. Les déposer contre les parois de chaque verre. Verser le reste de la citronnade, puis quelques gouttes de colorant. Ajouter une cerise. Saupoudrer de sucre violet.

Servir aussitôt !

Licorne hot white chocolate

Préparation : 10 minutes - Cuisson : 5 minutes

Pour 2 tasses

250 ml de lait entier ou demi-écrémé
100 g de galets de chocolat blanc
1 c. à soupe d'extrait de vanille liquide ou une c. à soupe de sirop de grenadine
Quelques gouttes de colorant naturel rose (ou opter pour des galets déjà colorés)
Chantilly
Quelques miniguimauves

Cornes
2 cornets de glace
50 g de chocolat blanc à fondre
Colorant naturel bleu
Paillettes alimentaires

Faire fondre au bain-marie quelques galets de chocolat blanc avec du colorant bleu en mélangeant bien. Couper 5 cm du bout des cornets, pour former des minicornes. Les tremper rapidement dans le chocolat bleu fondu puis dans les paillettes. Placer au congélateur pendant 1 heure.

Faire fondre le reste des galets de chocolat blanc au bain-marie avec le colorant rose en mélangeant bien.

Faire chauffer le lait dans une casserole, puis le verser sur le chocolat blanc rose encore fondu dans le bain-marie. Fouetter manuellement. Ajouter la vanille ou le sirop et mélanger à nouveau. Le chocolat chaud doit être bien onctueux.

Verser le chocolat chaud dans des tasses puis recouvrir de chantilly. Parsemer de miniguimauves et placer les cornes de licorne.

Servir aussitôt !

Milkshakes licorne

Préparation : 15 minutes

Pour 2 grands verres

250 ml de lait demi-écrémé
500 g de crème glacée à la vanille
Quelques guimauves pour décorer
Colorants naturels rose, bleu, jaune, violet et vert
Quelques décorations en sucre (vermicelles, billes multicolores, etc.)

Dans un blender, mixer pendant 30 secondes le lait froid avec la crème glacée.

Verser la préparation dans 5 bols puis ajouter un colorant de couleur différente dans chaque bol. Mélanger rapidement avec un fouet ou une fourchette. Verser un peu de chaque couleur dans des verres hauts. Les couleurs vont se mélanger et former un arc-en-ciel.

Servir tout de suite avec des décorations multicolores, des guimauves et des pailles dorées !

Remerciements

Je tiens à remercier tout particulièrement Juliette Garnier pour son talent, sa précision et son aide à la réalisation des recettes.

Je remercie aussi Jennifer qui m'a aidée, depuis l'autre côté de l'Atlantique, à trouver des idées et des produits très « licorne » !

Merci à Olivier pour son accompagnement au quotidien, son soutien et son talent de retoucheur !

Merci aux éditions Marabout et à Claudie Souchet pour son accompagnement et son enthousiasme sur ce joli projet.

Pour vous aider dans la réalisation de jolies couleurs et dans la décoration des recettes, voici quelques sites indispensables :

- Décorations scintillantes de toutes les couleurs : www.fancysprinkles.com

- Matériel de pâtisserie et colorants naturels : www.scrapcooking.fr

- Super aliments, type klamath ou açai : www.sol-semilla.fr

© Hachette Livre (Marabout) 2017
58, rue Jean Bleuzen 92178 Vanves Cedex

Tous droits réservés. Toute reproduction ou utilisation de l'ouvrage sous quelque forme et par quelque moyen électronique, photocopie, enregistrement ou autre que ce soit est strictement interdite sans l'autorisation de l'éditeur.

Création graphique et mise en pages : David Robayo — 34 studio
Relecture : Cécile Mouchel

Dépôt légal : novembre 2017
ISBN : 978-2-501-12540-6
1587668
Achevé d'imprimer en octobre 2017 chez Graphicas Estella

MARABOUT
s'engage pour l'environnement en réduisant l'empreinte carbone de ses livres.
Celle de cet exemplaire est de : 400 g éq. CO₂
Rendez-vous sur www.marabout-durable.fr